MONTHLY

CW00529926

JANUARY

FEBRUARY

MARCH

APRIL

MAY

JUNE

JULY

AUGUST

SEPTEMBER

OCTOBER

NOVEMBER

DECEMBER

MONTHLY TO-DO LIST

JANUARY

- ☐
- ☐
- ☐
- ☐
- ☐

FEBRUARY

- ☐
- ☐
- ☐
- ☐
- ☐

MARCH

- ☐
- ☐
- ☐
- ☐
- ☐

APRIL

- ☐
- ☐
- ☐
- ☐
- ☐

MAY

- ☐
- ☐
- ☐
- ☐
- ☐

JUNE

- ☐
- ☐
- ☐
- ☐
- ☐

JULY

- ☐
- ☐
- ☐
- ☐
- ☐

AUGUST

- ☐
- ☐
- ☐
- ☐
- ☐

SEPTEMBER

- ☐
- ☐
- ☐
- ☐
- ☐

OCTOBER

- ☐
- ☐
- ☐
- ☐
- ☐

NOVEMBER

- ☐
- ☐
- ☐
- ☐
- ☐

DECEMBER

- ☐
- ☐
- ☐
- ☐
- ☐

BIRTHDAY REMINDER

JANUARY	FEBRUARY	MARCH

APRIL	MAY	JUNE

JULY	AUGUST	SEPTEMBER

OCTOBER	NOVEMBER	DECEMBER

Day Planner

Schedule		Priorities
08:00	⬤	
08:30	⬤	
09:00	⬤	
09:30	⬤	
10:00	⬤	
10:30	⬤	
11:00	⬤	
11:30	⬤	
12:00	⬤	
12:30	⬤	
13:00	⬤	
13:30	⬤	
14:00	⬤	

14:30

15:00

15:30

16:00

16:30

17:00

17:30

18:00

18:30

19:00

19:30

20:00

20:30

21:00

Notes

Day Planner

Schedule		Priorities
08:00	⬤	
08:30	⬤	
09:00	⬤	
09:30	⬤	
10:00	⬤	
10:30	⬤	
11:00	⬤	
11:30	⬤	
12:00	⬤	
12:30	⬤	
13:00	⬤	
13:30	⬤	
14:00	⬤	
14:30		
15:00		
15:30		
16:00		
6:30		
7:00		
7:30		
8:00		
8:30		
9:00		
9:30		
:00		
30		
00		

Notes

Day Planner

Schedule

08:00

08:30

09:00

09:30

10:00

10:30

11:00

11:30

12:00

12:30

13:00

13:30

14:00

14:30

15:00

15:30

16:00

16:30

17:00

17:30

18:00

18:30

19:00

19:30

20:00

20:30

21:00

Priorities

-
-
-
-
-
-
-
-
-
-
-
-

Notes

Day Planner

Schedule

08:00

08:30

09:00

09:30

10:00

10:30

11:00

11:30

12:00

12:30

13:00

13:30

14:00

14:30

15:00

15:30

16:00

16:30

17:00

17:30

3:00

3:30

:00

:30

:00

:30

:00

Priorities

Notes

Day Planner

	Schedule		Priorities
08:00		●	
08:30		●	
09:00		●	
09:30		●	
10:00		●	
10:30		●	
11:00		●	
11:30		●	
12:00		●	
12:30		●	
13:00		●	
13:30		●	
14:00		●	
14:30			
15:00			**Notes**
15:30			
16:00			
16:30			
17:00			
17:30			
18:00			
18:30			
19:00			
19:30			
20:00			
20:30			
21:00			

Day Planner

Schedule

08:00

08:30

09:00

09:30

10:00

10:30

11:00

11:30

12:00

12:30

13:00

13:30

14:00

14:30

15:00

15:30

16:00

16:30

17:00

17:30

18:00

18:30

19:00

19:30

20:00

20:30

21:00

Priorities

Notes

Day Planner

Schedule

08:00

08:30

09:00

09:30

10:00

10:30

11:00

11:30

12:00

12:30

13:00

13:30

14:00

14:30

15:00

15:30

16:00

16:30

17:00

17:30

18:00

18:30

19:00

19:30

20:00

20:30

21:00

Priorities

Notes

Day Planner

Schedule

08:00

08:30

09:00

09:30

10:00

10:30

11:00

11:30

12:00

12:30

13:00

13:30

14:00

14:30

15:00

15:30

16:00

16:30

7:00

7:30

3:00

3:30

:00

:30

:00

30

00

Priorities

Notes

Day Planner

Schedule	Priorities
08:00	
08:30	
09:00	
09:30	
10:00	
10:30	
11:00	
11:30	
12:00	
12:30	
13:00	
13:30	
14:00	

14:30

15:00

15:30

16:00

16:30

17:00

17:30

18:00

18:30

19:00

19:30

20:00

20:30

21:00

Notes

Day Planner

Schedule

08:00

08:30

09:00

09:30

10:00

10:30

11:00

11:30

12:00

12:30

13:00

13:30

14:00

14:30

15:00

15:30

16:00

16:30

17:00

17:30

18:00

18:30

19:00

19:30

20:00

20:30

21:00

Priorities

Notes

Day Planner

Schedule		Priorities
08:00	●	
08:30	●	
09:00	●	
09:30	●	
10:00	●	
10:30	●	
11:00	●	
11:30	●	
12:00	●	
12:30	●	
13:00	●	
13:30	●	
14:00	●	

14:30

Notes

15:00

15:30

16:00

16:30

17:00

17:30

18:00

18:30

19:00

19:30

20:00

20:30

21:00

Day Planner

Schedule

08:00

08:30

09:00

09:30

10:00

10:30

11:00

11:30

12:00

12:30

13:00

13:30

14:00

14:30

15:00

5:30

6:00

6:30

7:00

7:30

8:00

8:30

9:00

:30

:00

:30

:00

Priorities

Notes

Day Planner

	Schedule		Priorities
08:00		●	
08:30		●	
09:00		●	
09:30		●	
10:00		●	
10:30		●	
11:00		●	
11:30		●	
12:00		●	
12:30		●	
13:00		●	
13:30		●	
14:00		●	
14:30			
15:00			Notes
15:30			
16:00			
16:30			
17:00			
17:30			
18:00			
18:30			
19:00			
19:30			
20:00			
20:30			
21:00			

Day Planner

Schedule

08:00

08:30

09:00

09:30

10:00

10:30

11:00

11:30

12:00

12:30

13:00

13:30

14:00

14:30

15:00

15:30

16:00

16:30

17:00

17:30

18:00

18:30

19:00

19:30

20:00

20:30

21:00

Priorities

Notes

Day Planner

Schedule

08:00

08:30

09:00

09:30

10:00

10:30

11:00

11:30

12:00

12:30

13:00

13:30

14:00

14:30

15:00

15:30

16:00

16:30

17:00

17:30

18:00

18:30

19:00

19:30

20:00

20:30

21:00

Priorities

Notes

Day Planner

Schedule

08:00

08:30

09:00

09:30

10:00

10:30

11:00

11:30

12:00

12:30

13:00

13:30

14:00

14:30

15:00

15:30

16:00

16:30

17:00

17:30

18:00

18:30

19:00

19:30

20:00

20:30

21:00

Priorities

Notes

Day Planner

Schedule		Priorities
08:00	⬤	
08:30	⬤	
09:00	⬤	
09:30	⬤	
10:00	⬤	
10:30	⬤	
11:00	⬤	
11:30	⬤	
12:00	⬤	
12:30	⬤	
13:00	⬤	
13:30	⬤	
14:00	⬤	
14:30		
15:00		*Notes*
15:30		
16:00		
16:30		
17:00		
17:30		
18:00		
18:30		
19:00		
19:30		
20:00		
20:30		
21:00		

Day Planner

Schedule

08:00

08:30

09:00

09:30

10:00

10:30

11:00

11:30

12:00

12:30

13:00

13:30

14:00

14:30

15:00

5:30

6:00

6:30

7:00

7:30

8:00

8:30

9:00

:30

:00

30

00

Priorities

Notes

Day Planner

Schedule

08:00

08:30

09:00

09:30

10:00

10:30

11:00

11:30

12:00

12:30

13:00

13:30

14:00

14:30

15:00

15:30

16:00

16:30

17:00

17:30

18:00

18:30

19:00

19:30

20:00

20:30

21:00

Priorities

Notes

Day Planner

Schedule

08:00

08:30

09:00

09:30

10:00

10:30

11:00

11:30

12:00

12:30

13:00

13:30

14:00

14:30

15:00

15:30

16:00

16:30

17:00

17:30

18:00

18:30

19:00

19:30

20:00

20:30

21:00

Priorities

Notes

Day Planner

Schedule		Priorities
08:00	○	
08:30	○	
09:00	○	
09:30	○	
10:00	○	
10:30	○	
11:00	○	
11:30	○	
12:00	○	
12:30	○	
13:00	○	
13:30	○	
14:00	○	

14:30

15:00

15:30

16:00

16:30

17:00

17:30

18:00

18:30

19:00

19:30

20:00

20:30

21:00

Notes

Day Planner

Schedule		Priorities
08:00	○	
08:30	○	
09:00	○	
09:30	○	
10:00	○	
10:30	○	
11:00	○	
11:30	○	
12:00	○	
12:30	○	
13:00	○	
13:30	○	
14:00	○	
14:30		

Notes

14:30
15:00
15:30
16:00
16:30
17:00
17:30
18:00
18:30
19:00
19:30
20:00
20:30
21:00

Day Planner

Schedule		Priorities
08:00	●	
08:30	●	
09:00	●	
09:30	●	
10:00	●	
10:30	●	
11:00	●	
11:30	●	
12:00	●	
12:30	●	
13:00	●	
13:30	●	
14:00	●	

14:30

Notes

15:00

15:30

16:00

16:30

17:00

17:30

18:00

18:30

19:00

19:30

20:00

20:30

21:00

Day Planner

Schedule

08:00

08:30

09:00

09:30

10:00

10:30

11:00

11:30

12:00

12:30

13:00

13:30

14:00

14:30

15:00

15:30

16:00

16:30

7:00

7:30

3:00

3:30

:00

:30

:00

:30

:00

Priorities

Notes

Day Planner

Schedule

08:00

08:30

09:00

09:30

10:00

10:30

11:00

11:30

12:00

12:30

13:00

13:30

14:00

14:30

15:00

15:30

16:00

16:30

17:00

17:30

18:00

18:30

19:00

19:30

20:00

20:30

21:00

Priorities

Notes

Day Planner

Schedule

08:00

08:30

09:00

09:30

10:00

10:30

11:00

11:30

12:00

12:30

13:00

13:30

14:00

14:30

15:00

15:30

16:00

16:30

17:00

17:30

18:00

18:30

19:00

19:30

20:00

20:30

21:00

Priorities

Notes

Day Planner

Schedule

08:00

08:30

09:00

09:30

10:00

10:30

11:00

11:30

12:00

12:30

13:00

13:30

14:00

14:30

15:00

15:30

16:00

16:30

17:00

17:30

18:00

18:30

19:00

19:30

20:00

20:30

21:00

Priorities

Notes

Day Planner

Schedule		Priorities
08:00	●	
08:30	●	
09:00	●	
09:30	●	
10:00	●	
10:30	●	
11:00	●	
11:30	●	
12:00	●	
12:30	●	
13:00	●	
13:30	●	
14:00	●	
14:30		
15:00		
5:30		**Notes**
6:00		
6:30		
7:00		
7:30		
8:00		
8:30		
9:00		
:30		
:00		
:30		
00		

Day Planner

Schedule		Priorities
08:00	●	
08:30	●	
09:00	●	
09:30	●	
10:00	●	
10:30	●	
11:00	●	
11:30	●	
12:00	●	
12:30	●	
13:00	●	
13:30	●	
14:00	●	

14:30

Notes

15:00

15:30

16:00

16:30

17:00

17:30

18:00

18:30

19:00

19:30

20:00

20:30

21:00

Day Planner

Schedule

08:00	
08:30	
09:00	
09:30	
10:00	
10:30	
11:00	
11:30	
12:00	
12:30	
13:00	
13:30	
14:00	
14:30	
15:00	
15:30	
16:00	
16:30	
17:00	
17:30	
18:00	
18:30	
19:00	
19:30	
20:00	
20:30	
21:00	

Priorities

Notes

Day Planner

Schedule		Priorities
08:00	◉	
08:30	◉	
09:00	◉	
09:30	◉	
10:00	◉	
10:30	◉	
11:00	◉	
11:30	◉	
12:00	◉	
12:30	◉	
13:00	◉	
13:30	◉	
14:00	◉	
14:30		
15:00		*Notes*
15:30		
16:00		
16:30		
17:00		
17:30		
18:00		
18:30		
19:00		
19:30		
20:00		
20:30		
21:00		

Day Planner

	Schedule		Priorities
08:00		⬤	
08:30		⬤	
09:00		⬤	
09:30		⬤	
10:00		⬤	
10:30		⬤	
11:00		⬤	
11:30		⬤	
12:00		⬤	
12:30		⬤	
13:00		⬤	
13:30		⬤	
14:00		⬤	
14:30			
15:00			*Notes*
15:30			
16:00			
16:30			
17:00			
17:30			
18:00			
18:30			
19:00			
19:30			
20:00			
20:30			

Day Planner

Schedule

08:00

08:30

09:00

09:30

10:00

10:30

11:00

11:30

12:00

12:30

13:00

13:30

14:00

14:30

15:00

15:30

16:00

16:30

17:00

17:30

18:00

18:30

19:00

19:30

20:00

20:30

21:00

Priorities

Notes

Day Planner

Schedule

08:00

08:30

09:00

09:30

10:00

10:30

11:00

11:30

12:00

12:30

13:00

13:30

14:00

14:30

15:00

5:30

6:00

6:30

7:00

7:30

:00

:30

:00

:30

:00

30

00

Priorities

Notes

Day Planner

Schedule		Priorities
08:00	⚪	
08:30	⚪	
09:00	⚪	
09:30	⚪	
10:00	⚪	
10:30	⚪	
11:00	⚪	
11:30	⚪	
12:00	⚪	
12:30	⚪	
13:00	⚪	
13:30	⚪	
14:00	⚪	
14:30		
15:00		**Notes**
15:30		
16:00		
16:30		
17:00		
17:30		
18:00		
18:30		
19:00		
19:30		
20:00		
20:30		
21:00		

Day Planner

Schedule

08:00

08:30

09:00

09:30

10:00

10:30

11:00

11:30

12:00

12:30

13:00

13:30

14:00

14:30

15:00

5:30

6:00

6:30

7:00

7:30

8:00

:30

:00

:30

:00

30

00

Priorities

○

○

○

○

○

○

○

○

○

○

○

○

○

Notes

Day Planner

Schedule

08:00

08:30

09:00

09:30

10:00

10:30

11:00

11:30

12:00

12:30

13:00

13:30

14:00

14:30

15:00

15:30

16:00

16:30

17:00

17:30

18:00

18:30

19:00

19:30

20:00

20:30

21:00

Priorities

Notes

Day Planner

Schedule

Time	
08:00	
08:30	
09:00	
09:30	
10:00	
10:30	
11:00	
11:30	
12:00	
12:30	
13:00	
13:30	
14:00	
14:30	
15:00	
5:30	
6:00	
6:30	
7:00	
7:30	
8:00	
8:30	
9:00	
9:30	
00	
30	
00	

Priorities

Notes

Day Planner

Schedule		Priorities
08:00	○	
08:30	○	
09:00	○	
09:30	○	
10:00	○	
10:30	○	
11:00	○	
11:30	○	
12:00	○	
12:30	○	
13:00	○	
13:30	○	
14:00	○	

Notes

14:30
15:00
15:30
16:00
16:30
17:00
17:30
18:00
18:30
19:00
19:30
20:00
20:30
21:00

Day Planner

Schedule

08:00

08:30

09:00

09:30

10:00

10:30

11:00

11:30

12:00

12:30

13:00

13:30

14:00

14:30

15:00

5:30

6:00

6:30

7:00

7:30

8:00

8:30

:00

:30

:00

:30

00

Priorities

Notes

Day Planner

Schedule

08:00

08:30

09:00

09:30

10:00

10:30

11:00

11:30

12:00

12:30

13:00

13:30

14:00

14:30

15:00

15:30

16:00

16:30

17:00

17:30

18:00

18:30

19:00

19:30

20:00

20:30

21:00

Priorities

Notes

Day Planner

Schedule

08:00

08:30

09:00

09:30

10:00

10:30

11:00

11:30

12:00

12:30

13:00

13:30

14:00

14:30

15:00

15:30

16:00

16:30

17:00

17:30

18:00

18:30

19:00

:30

:00

30

00

Priorities

Notes

Day Planner

Schedule		Priorities
08:00	⬤	
08:30	⬤	
09:00	⬤	
09:30	⬤	
10:00	⬤	
10:30	⬤	
11:00	⬤	
11:30	⬤	
12:00	⬤	
12:30	⬤	
13:00	⬤	
13:30	⬤	
14:00	⬤	
14:30		
15:00		*Notes*
15:30		
16:00		
16:30		
17:00		
17:30		
18:00		
18:30		
19:00		
19:30		
20:00		
20:30		
21:00		

Day Planner

Schedule

08:00

08:30

09:00

09:30

10:00

10:30

11:00

11:30

12:00

12:30

13:00

13:30

14:00

14:30

15:00

15:30

16:00

16:30

17:00

17:30

18:00

18:30

19:00

19:30

20:00

20:30

21:00

Priorities

Notes

Day Planner

Schedule		Priorities
08:00	⬤	
08:30	⬤	
09:00	⬤	
09:30	⬤	
10:00	⬤	
10:30	⬤	
11:00	⬤	
11:30	⬤	
12:00	⬤	
12:30	⬤	
13:00	⬤	
13:30	⬤	
14:00	⬤	

14:30

15:00

Notes

15:30

16:00

16:30

17:00

17:30

18:00

18:30

19:00

19:30

20:00

20:30

21:00

Day Planner

Schedule

Time	
08:00	
08:30	
09:00	
09:30	
10:00	
10:30	
11:00	
11:30	
12:00	
12:30	
13:00	
13:30	
14:00	
14:30	
15:00	
5:30	
6:00	
6:30	
7:00	
7:30	
3:00	
:30	
:00	
:30	
:00	
:30	
00	

Priorities

Notes

Day Planner

Schedule	Priorities
08:00	●
08:30	●
09:00	●
09:30	●
10:00	●
10:30	●
11:00	●
11:30	●
12:00	●
12:30	●
13:00	●
13:30	●
14:00	●

14:30

15:00

15:30

16:00

16:30

17:00

17:30

18:00

18:30

19:00

19:30

20:00

20:30

21:00

Notes

Day Planner

Schedule

08:00

08:30

09:00

09:30

10:00

10:30

11:00

11:30

12:00

12:30

13:00

13:30

14:00

14:30

15:00

15:30

16:00

16:30

17:00

17:30

18:00

18:30

19:00

19:30

20:00

20:30

21:00

Priorities

Notes

Day Planner

Schedule		Priorities
08:00	○	
08:30	○	
09:00	○	
09:30	○	
10:00	○	
10:30	○	
11:00	○	
11:30	○	
12:00	○	
12:30	○	
13:00	○	
13:30	○	
14:00	○	
14:30		

Notes

15:00

15:30

16:00

16:30

17:00

17:30

18:00

18:30

19:00

19:30

20:00

20:30

21:00

Day Planner

Schedule	Priorities
08:00	◯
08:30	◯
09:00	◯
09:30	◯
10:00	◯
10:30	◯
11:00	◯
11:30	◯
12:00	◯
12:30	◯
13:00	◯
13:30	◯
14:00	◯
14:30	
15:00	
15:30	
16:00	
16:30	
17:00	
17:30	
18:00	
18:30	
19:00	
19:30	
20:00	
20:30	
21:00	

Notes

TO-DO LIST

TO-DO LIST

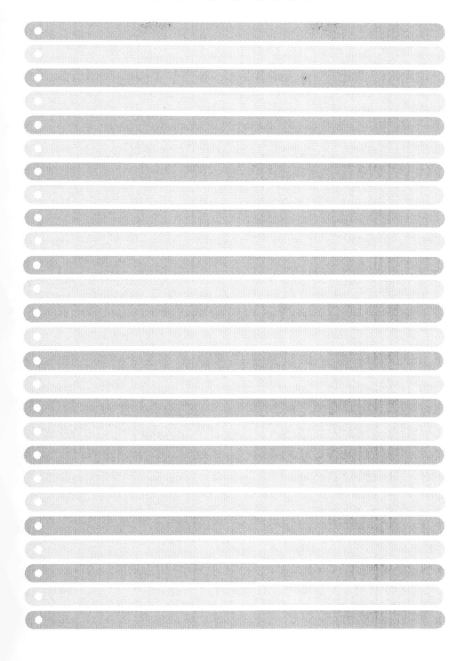

TO-DO LIST

TO-DO LIST

TO-DO LIST

TO-DO LIST

TO-DO LIST

TO-DO LIST

TO-DO LIST

TO-DO LIST

Notes

Notes

Notes

Notes

Notes

Notes

Notes

Notes

Notes

Notes

Notes

Notes

Notes

Notes

Notes

Notes

Notes

Notes

Notes

Notes

Notes

Notes

Notes

Notes

Notes

Notes

Notes

Notes

Notes

Notes

Notes

Notes

Notes

Notes

Notes

Easy Password Tracker

Site	Username	Password

Easy Password Tracker

Site	Username	Password

Printed in Great Britain
by Amazon

60358908R00059